2023年度江南大学本科教育教学改革研究

竖笛演奏与教学

主　编　沈雷强
副主编　李志园　郭瑾蓉
参　编　羊　翌　孙丝丝　江　博
　　　　朱康朝　张　莲　朱华琴
　　　　王芝君　李婉静

南京大学出版社

图书在版编目（CIP）数据

竖笛演奏与教学 / 沈雷强主编. -- 南京：南京大
学出版社, 2025. 5. -- ISBN 978-7-305-28727-5

Ⅰ. G634.951.1

中国国家版本馆CIP数据核字第2025T9Y642号

出版发行　南京大学出版社

社　　址　南京市汉口路22号　　邮　　编　210093

书　　名　**竖笛演奏与教学**
　　　　　SHUDI YANZOU YU JIAOXUE

主　　编　沈雷强

责任编辑　刁晓静　　　　　　编辑热线　025 - 83592123

照　　排　南京新华丰制版有限公司

印　　刷　南京鸿图印务有限公司

开　　本　787 mm × 1092 mm　1/16　印张　15.5　　字数251千

版　　次　2025年5月第1版　2025年5月第1次印刷

书　　号　ISBN 978-7-305-28727-5

定　　价　46.00元

网　　址：http://www.njupco.com

官方微博：http://weibo.com/njupco

微信服务号：njupress

销售咨询热线：（025）83594756

前　言

　　竖笛教学是音乐教学的重要组成部分，其目的是培养学生对音乐的感受力和表现力。通过教师大量的教学实践经验和专家论证，竖笛学习简单，在教学过程中目标明确、方法科学，适用于不同层次的学习要求。本教材面对全体学生，注重个性发展，乐曲的选择注重单元主题的结合，具备以学生为主体、倡导师生互动、注重音乐实践等特点。教材中的竖笛合奏练习有利于提高学生的合作意识，培养学生的集体主义精神，同时坚笛教学还有利于培养学生的兴趣与爱好，了解和熟悉民族和世界的优秀音乐文化，使学生在主动、活泼、有趣的音乐实践中去体验音乐之美，从而达到音乐审美教育的目的。

　　本教材遵循"先易后难、由浅入深"的原则，兼顾基础训练与音乐表现，力求在系统性、趣味性和艺术性之间找到平衡。教材内容涵盖音阶练习、技巧训练、乐曲演奏及合奏编排等多个方面，既注重基本功的扎实培养，又鼓励学生进行个性化表达。在曲目选择上，我们精心挑选了中外经典名曲、民歌改编曲以及练习曲，使学生在学习过程中既能接触丰富的音乐风格，又能逐步提升音乐鉴赏能力。教材适用于不同年龄段、不同基础的学生，教师可根据实际情况灵活调整教学进度。在确保基本教学目标的同时，我们鼓励学生发挥创造力，尝试不同的音乐表现方式，使每位学习者都能在音乐中找到自己的兴趣点。音乐教育不仅是技能的传授，更是情感的交流。

　　音乐是世界的语言，本教材中融入了世界各民族音乐元素，帮助学生了解不同文化的音乐风格，培养开放包容的艺术观。通过学习这些作品，学生不仅能提升演奏水平，还能增强文化自信，成为具有国际视野的音乐爱好者。音乐教育的最终目的不仅是教会学生演奏乐器，更是引导他们发现美、感受美、创造美。本教材通过生动有趣的音乐实践，让学生在演奏中体验旋律的流动、节奏的变化以及情感的抒发，从而潜移默化地提升审美素养。我们相信，竖笛学习不仅能带给学生当下的快乐，更能激发他们对音乐的持久热爱，为终身学习奠定基础。

　　希望本教材能成为教师教学的得力助手，学生探索音乐世界的良师益友。让我们携手在竖笛的美妙音色中，开启一段充满乐趣与收获的音乐之旅！

编者

目 录

第一章　竖笛基础知识

第一节　历史沿革与发展

竖笛（Recorder［英］Blockflöte［德］flauto dolce［意］flûte à bec［法］）
是盛行于欧洲文艺复兴时期和巴洛克时期的重要木管吹奏家族系列乐器。我国对
于这种乐器名称有很多种翻译，现在较常使用的名称有三种。"木笛"是指以欧
洲早期古竖笛为设计雏形，按照欧洲传统工艺制作而成的专业木质演奏乐器，现
广泛被国内外音乐学院师生及专业演奏者使用。"竖笛""直笛"是指20世纪初
为降低木质笛制造成本、便于大批量生产，而繁衍出来的塑胶材质笛，现广泛使
用在我国中小学音乐课堂和奥尔夫音乐教学中。

因为个人习惯和现在国内比较流行的说法，所以在本书中、在非历史名词或
者有定义意义的名词的时候，笔者将以"竖笛"来表述这个乐器。

竖笛在中世纪并没有实物留存至今，仅现存最早的图样来自于11世纪的法国
和12世纪的英国。古籍史料中记载了这种乐器没有分节，内腔光滑，内径呈圆柱
形或不明显的圆锥形，到13世纪时竖笛乐器已有七个按孔。

竖笛是一种哨笛类的吹管乐器。因为笛头的构造，其发声原理和一般的口哨
很接近，所以竖笛比其他西洋管乐更容易发音，便于初学启蒙。当狭窄气流通过
哨嘴触及唇口进入笛子时，气流经过一小段管道之后会分开，一道气流从气窗穿
出，另一道气流则通过管壁。竖笛演奏需要通过运气、运舌和运指共同完成。其

中气息是最主要的，它提供制造和维持声响的能量。

在竖笛演奏中，任何不均匀的气息都会造成音高的偏差。竖笛吹奏者在呼吸技巧训练中应注意扩大呼吸量，延长吸气过程，使呼出的气息保持均匀。对于初学竖笛的学生来说，正确音高的概念相对薄弱，所以建议学生加强长音的基础练习，在练习过程中可以适当借助校音器，有条件的学生还可以通过钢琴校对音准。学生应经过反复练习，学会用耳朵准确判断音准。

竖笛因为设计上的不同被分为巴洛克式笛和德式笛两种，两种不同的笛子需要使用不同的指法演奏。巴洛克式笛使用巴洛克式指法，德式笛使用德式指法。国内生产的塑胶笛左手大指孔下方，通常会标志一个B、一个E或者一个G，常常会被人误解成B调、E调或者G调，但其实这些字母并不代表它的调性。B是Baroque的简写，代表巴洛克式笛；E是English的简写，代表英式笛，通常"巴洛克式"和"英式"两个术语可以交替使用，二者在设计上都沿用了巴洛克时期的传统设计。区别最大的是德式笛，G是Germany的简写，代表德式笛。德式笛起源于20世纪20年代，是德国吉他手哈兰（Peter Harlan）在复制一支巴洛克式竖笛时，认为巴洛克式笛设计有错误，将巴洛克式笛的第四级音进行了改变，虽然这一改变简化了运指方法，第四级音从传统的交叉指法改为可以由食指单独完成，但同时也造成第四级音变得非常尖锐，并且半音音准出现问题。

经过国外几十年来的演奏和教学实践，当今国际竖笛学术界将巴洛克式（英式）竖笛认定为专业演奏型乐器，巴洛克式指法是最科学的竖笛运指体系，它可以和其他的西洋管乐一样，演奏二十四个大小调；而德式笛由于设计的缺陷，在国外逐渐被淘汰或仅用于幼儿园小朋友的启蒙。以亚洲中小学竖笛教育发展最好的中国台湾省为例，他们的小学生95%以上已使用巴洛克式塑胶竖笛或巴洛克式木质笛。

所以在本书中提到的所有范例、指法、练习曲以及合奏作品均使用巴洛克即英式竖笛为标准。

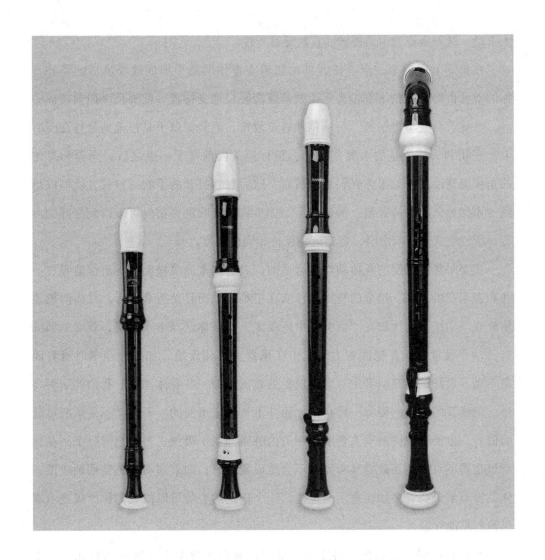

第二节　演奏姿势与发音方式

一、演奏姿势

初学者拿到乐器首先要学习的就是演奏姿势，无论何种乐器，演奏姿势的正确与否都是最重要的。初学者往往容易忽略这个问题，而错误的演奏姿势一旦形成习惯，会严重影响技术训练和表演艺术的提高。因此初学者应该时时刻刻注意演奏姿势的正确性。

放松是最重要的。僵硬的姿势会使你的演奏僵硬；而松弛的姿势能让你深深吸气并温和地吐出。不管怎么说——你决不可以迟钝地、垂头弯腰地靠坐在椅子上不动，这种坐姿表示消极被动且缺乏音乐性。

在椅子上向前坐一点，使背部的肌肉支撑你的躯干形成放松灵活的姿势，你的双臂由肩膀放松下垂，头则由颈部肌肉轻轻地支持着。把头稍微向前弯曲一点，喉咙就会变得更畅通。头从颈部感觉放松，而竖笛似乎是松弛地悬挂在嘴唇上。竖笛和头部所呈的角度是45°，但你的头向前弯了一点之后，乐器和身体的角度就变小了。如果你轻轻缩紧嘴唇，然后对着打开的手吹一口气，就可以得到"用何种角度去持竖笛"的概念了。你直接把气吹进竖笛时可以得到最好的声音，所以气从口中吹出时，竖笛应该保持相同的角度。

演奏时某种程度的身体动作是合适的，表现出来的放松能促进更深地吸气，并和音乐产生关联。过分的身体动作实在很难看，而且使听众分心。要谨防把表情放在"动作"上比放在"演奏"中还要多，如果你已经本末倒置，就必须训练自己动作收敛些，并把注意力更集中在乐器上；相反地，如果你演奏时坐着固定不动，最好试着在演奏中有意识地松弛并试着做一些身体动作。我们的演奏姿势，就像我们平常的姿势一样自然，而并不是固定不变的。不必像军乐队般过分的僵直，也要避免向前垂头弯腰地压迫内脏而抑制了吸气，当然把背整个陷在椅背里也是不对的。正确的演奏姿势不会造成疲倦感；如果演奏时感觉僵硬疲倦，你就要对演奏姿势多加注意了。记住，一个松弛的姿势可以使我们深深吸进演奏竖笛所需的气量。

我们想在竖笛上找出一种手型，能够使每根手指端正准确地按在孔上，由手指多肉的"肉垫"来执行按孔的工作（位置大概是在指纹的中心，那也是手指上最敏感的部分），但也不是一成不变的，而会随着乐器的尺寸、指孔的排列位置、大小不同的手和手型，或是音符的顺序不同而有所改变。因为在按不到孔时，手指就必须在孔上做大约半寸的调整。不管演奏快或是慢的音符，手指的动作都要求干净利落。

手指整体呈弧形，手掌似握球状，掌心向内，放松而又自然。切记不要让每根手指都是很笔直地按在竖笛上，这样不仅会增加手指的负担造成紧张和疲劳，更会对手指的灵活程度有很大的限制。

二、发音方式

初学者在刚刚拿到竖笛的时候通常会满足一下自己的好奇心，总是要试一试。一般来说，没有管乐器的学习经验的人常常是拿到手就直接吹，而且是猛吸一口气，用力地去吹，吹得很响，甚至出现破音。当然了，初学嘛，这些都无妨，我们只要学到正确的方法就可以了。

正确的发声方式应该是有音头有结尾的。

什么是音头呢？在竖笛吹奏中，一个音发声的开始应该是确定的、稳定的、清晰的、受控制的。试想一下，当我们随口吹气的时候，也就是"呼"的方式吹气，气体从脱口而出，再传到乐器中，最开始的气总是弱的，然后慢慢变强；同样道理，一口气结束时，力度也总是渐渐变弱的。这样发出的音就是没有确定稳定清晰受控制的开始和结束，因为音符两端总有一小段的"虚"的声音是我们不想要的。那么就需要一种方法把两端的"虚"的声音给去掉。这个方法就叫作"吐音"。

"吐音"在各类管乐器中都是最基础最重要的吹奏方法。我们可以先试着说"吐"这个字的轻声，找到"吐"的瞬间舌头的位置和释放的方式。在吐之前，舌头是轻轻顶在上颚或者门牙后面，然后往外吹气，此时口腔内部由于舌头顶住了气道，气体出不去，这时候打开舌头自然放置，气道打开，气体流出。当需要停止的时候，舌头再次回到"吐"的位置去，气道再次关闭，气息停止，如此往复。在吹奏之前多尝试几次后，就可以拿起乐器尝试了。在这个过程中我们需要明确，声音是靠气的流动产生的，气的流动是靠舌头这个"开关"来控制的。用这种方式发出和结束的声音才是演奏需要的发声，它将会更准确有效地控制吹奏声音的起止，在节奏和音准的准确性上更容易控制，尤其在多声部音乐中，更能使各声部整齐清晰。

第三节　呼吸方法

当我们自然呼吸的时候，并不需要了解如何去深呼吸。人体需要呼吸，并且以最有效率的方式在无意识地执行。当我们决定做个深呼吸的时候，通常会因为使用了错误的部位而使效率低落。回想一下小时候在学校里，老师叫我们靠着书桌站着深呼吸，大家都把胸部突出、肚子收紧，看起来像个小泰山似的。这么做是运用了错误的部位，举起了肩膀和胸部；而真正伸展扩张时应该是放下的，由横隔膜将肚子向外推出，而不是往内收。

练习：站在镜子前面，可以让你看到胸部和肩膀，在不抬起胸部和肩膀的情况下尽可能大量地吸气，然后将气慢慢地吐掉，一边吐自己一边慢慢数，看看在气吐完之前可以数到多少。这个练习每天做两次，试着每次增加数字，当然这个练习中吐气的数数只是一个表示你吸了多少空气的概略量，但那并不重要；重要的是在你吸气时确定你的肩膀和胸部并未抬起。胸部在肺部充气的时候当然会抬高，但真正的动作应该在肋骨下方。一个真正的深呼吸应该会使腹部膨胀，看起来更像是一只青蛙而不是像泰山，这就是我们经常听到的腹式呼吸法。在做这项练习一星期之后，你在吹竖笛的时候就会开始意识到如何运用横隔膜来深呼吸。为什么要用到横隔膜呢？因为可以使你吸进更多的气，而吹奏竖笛的确需要大量的气。

很多人搞不清楚横隔膜是什么、位置在哪儿以及如何运作。横隔膜位于肋骨下方，当我们一深呼吸腹部就膨胀，那是因为横隔膜下压而使得腹壁向外膨胀。横隔膜是一个圆盖形的肌肉组织，将体内（内脏）分为两个部分：位于上方的是胸部，包括了心脏和肺；位于下方的是腹部。横隔膜是进行呼吸作用的最主要肌肉，好比一个风箱，这个风箱的动作是向下压平，浅吸气的时候大约是一时，深吸气时大约是三时。横隔膜是由呼吸中枢自动控制的，呼吸中枢位于脑的下部分，因身体需要氧气而支配横隔膜的动作。当横隔膜向下运动时，就在肺部制造了空间来容纳涌入的空气；当横隔膜放松后回复成原来的圆盖形，空气就被推出肺部，呼吸就是如此继续进行着。当横隔膜向下压迫腹腔的时候，腹腔的内脏再挤压腹部的肌肉壁，肌肉壁的向外运动反映出每一次吸气；气吸得愈深，动作就愈大。

说了这么多，你应该可以了解，我们把肚子收紧像小泰山一样的时候，和我们深深吸气时横隔膜真正的动作正好背道而驰。这就是为什么建议吹奏竖笛时要穿着宽松的衣服的原因。

不是每次都能使用深的、横隔膜的呼吸。有时候我们面对一长串没有地方换气的音符，在这种情况下，必须在音符与音符之间找机会很快地吸一点气；这种快速的吸气并不是要做深呼吸，只是要调整和分散吹出的气流。宁可在允许的短时间内吸一点气，因为连续的快速吸气可以让你吹完一个长乐句。

有时候我们要面对一个没有足够时间吸气的长大乐句，这种情况我们必须在吹奏之前加以计划：在这个长大乐句之前的每一个可以换气的机会把气吸满，那么在吹这个长乐句之前就有足够的气来应付了。

吹奏高音或最高音竖笛的时候，因为消耗的气量较少，吸进太多的气反而成了问题，所以（迫使你）在句子结束吸进新鲜空气之前，把旧的不新鲜的气吐掉；在这种状况下，要担心的倒不是吸进的气是否足够，而是必须预先计划以免吸进过多的气。然而在较大尺寸的竖笛上是不会有这个问题的。

第四节　基础指法

我们用两种系统来表示按音的指法：

一列垂直的圆圈表示竖笛上的指孔——黑圆圈（●）表示闭孔；白圆圈（○）表示开孔；拇指孔以圆圈表示在竖笛的左侧，如果拇指孔需要按高音位置（半孔按法），圆圈的下半部就用黑色表示。

我们用七个阿拉伯数字表示竖笛正面的七个指孔，1在上，7在下；拇指孔则以0表示在1和2的中间位置的左侧。通常这些数字指只表示需要按住的孔，打开的孔则不作表示。比如：0123表示的就是高音竖笛中的G这个音。当拇指孔需要按高音位置（半孔按法），6、7孔需要按一个的时候，数字中间会有斜线穿过。

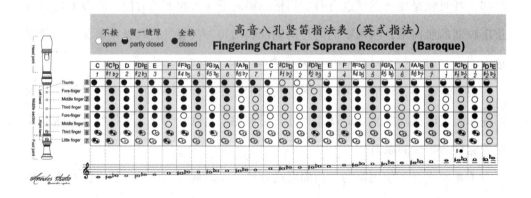

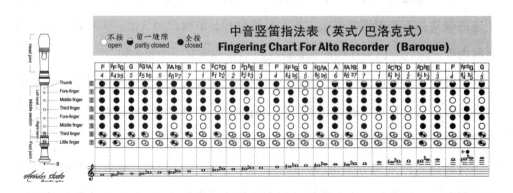

第二章　竖笛基本演奏

第一节　练习的基本方法与步骤

需要练习的内容包括两个大的方面，第一个是乐谱的练习，第二个是竖笛基本演奏法的练习。

1. 乐谱练习：无论是选择使用五线谱还是简谱，都需要学习者有足够高的熟练度才能更好地驾驭各个音乐作品。

2. 竖笛基本演奏法的练习包括四个方面：气息练习、指法练习、运舌练习和节奏练习。

我们在拿到一份乐谱后，无论是乐团的合奏还是独奏的作品，都要有一个学习练习的步骤。

读谱识谱是每一位从事音乐相关的人员包括学生必备的能力，并不是所有的作品我们都能随时随地获取音频资源，那么我们所有的信息都只能依赖于谱面，这时候优秀的读谱能力就能让我们从谱面上获得更准确更全面的信息。

不过无论是五线谱还是简谱还是流行乐中常用的功能谱，都不是我们只懂得道理就可以完全驾驭的，读谱是需要练习的，是需要熟能生巧的。

首先我们要熟知最基本的乐理知识，包括作品风格和创作背景，调的概念，音符时值以及时值组合（也就是常说的节奏型），高低音的写法（简谱），临时升降记号的使用规则，演奏法、演奏力度、演奏速度，表情术语以及它们的表述记号，等等。

因此我们在面对无论是简单乐谱还是复杂乐谱的时候，最好先进行唱谱，再在唱谱的时候顺便试着去按指法，最后结合起来吹奏。

第二节 左手中高音练习

竖笛左手区域相对来说比较容易发声，指法相对简单，音色中高音音色比较明亮。在吹奏时注意右手大拇指要切实负责托起整个笛子重量的责任，同时不按孔的手指一定要悬空于指孔的正上方。左手音区音符为G/A/B/C/D。

1. 左手长音音阶练习（谱1），提示：每个音都吹"吐"，长音练习是吹笛练习的基础，对于提高音色、练习呼吸都具有积极的意义。每口气吹一个音，心里均匀数好节拍。

左手指序练习

2. 指序练习（谱2），提示：每个音都吹"吐"，注意速度匀称，吹奏时尽量多指运动的同时性与准确性，尤其注意中音的B到高音的C之间的指法变化——交叉指，手指起落要干净，避免杂音。

3. 指序练习（谱3）提示：注意三拍子的节奏变化特点。

第三节　演奏法

演奏法对于竖笛来说就是具体的吹奏方法，也有些音乐家会将其称为"演奏语法"。对比其他类型乐器，我们也可以简单类比成弦乐类的弓法，比如"拉弓""推弓""连弓""跳弓"等。一个优秀的乐团中，弦乐的首席总是帮助指挥把音乐作品中的演奏弓法进行合理的编排并统一每一个乐手的弓法，这样不仅使视觉上获得统一的美感，在听觉上，统一的同步的弓法也会使得整个乐队的音色更加融合，更加具有整体性。

在竖笛中同样注重演奏法，不同的演奏法带来的竖笛的音色、乐句的情绪表达都是不一样的，对于竖笛乐团来说也有和弦乐团统一演奏法一样的必要性，甚至更为重要，因为在竖笛乐队中，混乱的演奏法带来的音色和效果的不统一会更容易被听出来。

竖笛的基本演奏法最主要的有吐音，包括单吐、双吐、三吐；连音；断奏；保持音；指法编排（有些音符的指法不是唯一的，为了演奏方便会采用一些替代指法，后文会细致讲解）等。

同样一个音符或者乐句，用不同的演奏法演奏会带来完全不一样的听觉感受。

在乐谱中首先我们要将演奏法分为两个大类，第一个是吐音，第二个是连音。没有任何演奏法标注的音符或者说"普通音符"默认的是要用吐音演奏；有连音线的我们要保证连音的第一个音符吐奏，其他音符连奏，也就是连音线内的音符之间要一口气不断地、仅通过指法变换来改变音符吹奏，要求连音线内各音符间保持圆润连贯流畅的效果，这里一定要注意不同音高对气息的要求是不一样的，那么在连奏的时候要格外注意音高的变化随时去调整气息。

而在这两大类演奏法内还存在着关于音符长短的一些要求，比如断奏，或者说短音，无论吐奏还是连奏都会遇到。

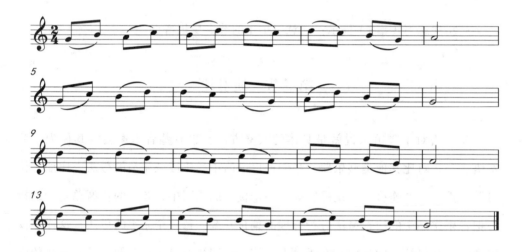

1. 连音练习（谱4），提示：注意音符变换的节奏，可以先进行唱谱试着按孔；连音吐音要分辨并演奏清楚。

2. 断奏练习（谱5）提示：断奏需要舌头进行快速的开关，吹奏效果只是长短变化，切不可着重发力演奏。

3. 综合练习（谱6）提示：注意不同演奏法之间的切换，多个音符连音时手指要控制好不要出现杂音。

演奏法通常还会与节拍律动和节奏型有着相辅相成的互动。音乐的律动和节奏型的表达有一个共同的无法避开的重点，那就是重音的位置。通常音乐中先行的音符，比如小节中的第一拍的音，或者一拍之内的前半拍，往往就是重拍或重拍位。我们在吹奏中不难感受到，吐音往往更能体现重音，连音的音响效果则处于相对较弱的位置。那么我们将两大演奏法结合起来就更能体现这些律动规律。

因为乐器的响度的限制，竖笛相对于那些表现力超强的乐器，比如小提琴、钢琴来说，在演奏一些强弱对比比较强烈的作品时会有一定的劣势。所以我们会有另一种补偿方式，同样的简单的时值组合，我们可以以长短方式补偿强弱，这也是保持音、连音、断奏等演奏法的组合应用对竖笛的重要性。你会从一些高阶的竖笛演奏家那里找到与"普通玩家"的不同，他们演奏的音乐往往更加生动，演奏法的运用便是其中非常重要的一点。

4. 演奏法综合练习（谱7）提示：仔细分辨断奏、吐音、连音的吹奏方法与特点，感受演奏法对节拍规律和节奏型带来的作用。

第四节　右手中低音练习

通过左手练习后，我们要加入右手来进行竖笛低音区的演奏。竖笛低音区音色较为柔和，需要演奏者气息平和稳定，同时口型需要放松。加入右手演奏时，左手需要全部按孔但不要紧张用力，双手手型要放正确。竖笛低音区为 F /E/D/C 四个音。

1. 右手音阶练习（谱8）提示：注意中音F 的指法比较难掌握，要多进行练习。

2. 右手指序练习（谱9）提示：注意连音中"交叉指法"要演奏得清晰，不要有杂音。

3. 右手分解和弦练习（谱10）提示：先慢速再渐渐提示速度以加强右手手指机能，同时注意使用断奏法演奏。

小红帽

巴西童谣

4. 练习曲《小红帽》（谱11）提示：本条练习曲包含一个八度内所有自然音指法，同时还有跳音和保持音等演奏法，吹奏时要注意区分。

杨柳青

江苏民歌

5. 练习曲《杨柳青》（谱12）提示：断奏的位置都在中音的C上，属于竖笛的最低音，手指要按严，但是不要过于紧张，力度平缓，不要吹破。

一叶知秋

6. 练习曲《一叶知秋》（谱13）提示：乐曲整体速度比较舒缓，每个音符之间一定要连接圆满。

综合练习

朱康朝

7. 练习曲（谱14）提示：连音部分对手指速度和准确度要求比较高，可以先分句慢练。

Do Re Mi

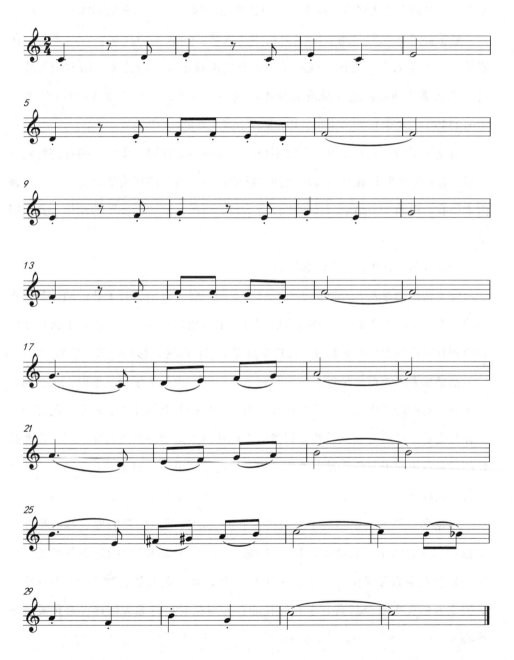

8.练习曲《Do Re Mi》（谱15）提示：本次练习曲开始出现几个变化音级，注意指法的变换。连音跳音要演奏准确。

第五节　高音练习

竖笛的高音区音色明亮，由于竖笛基本属于吹管乐中的八度超出乐器，故中低音指法与高音指法多有相同之处，只需要左手拇指空开一条缝隙即可。

竖笛高音区尤其是与左手大拇指相关的高音一直是困扰初学者的难题。在竖笛中，左手的大拇指比其他的手指具有更困难更精巧的任务。借着稍微放开的拇指孔能帮助我们达到竖笛的高音区域。举例来说，我们现在按住E这个音（012345），稍微打开拇指孔，E就变成了高八度的E。

每支笛子需要放开多少程度都不相同，甚至常常在同一支笛子的各高音之间也不一样；而且竖笛在高低音域之间跳跃的时候，需要结尾灵活的动作。这种种因素使我们得到一个结论：必须要找出一种最简单，最"经济"的动作来开关拇指孔。

现在有两种方式：竖直法和摇摆法。

竖直法指的是左手大拇指几乎与竖笛在同一竖直方向，开关孔的动作是拇指的第一个关节向下弯曲，将拇指的适当位置牢牢地顶进拇指孔。拇指甲必须要修得恰到好处，不太长也不太短。拇指在竖笛上按得越轻，移动起来越容易。

摇摆法要求大拇指是近乎横向垂直于竖笛的，也就是平行于地面。按孔的位置不在大拇指的正中间，而是在横按的时候大拇指的上侧几乎靠近指甲的部分。这样当需要开孔的时候只需要大拇指向下旋转或者滚动一点点就完成了，需要按住的时候就再向上复位。这个动作是非常快速且简单的，但是对左手整个手的手型要求比较高。

不论哪一种方法都是为了解决拇指孔开关的问题。但都需要训练拇指在固定位置，并且约束它的动作，如果做到这一点就可以得到拇指开关位置的空间感。拇指是非常易动的，这在训练上是一个难点，尤其是在吹完高音D这样的需要全开的孔再复位到高音半开的孔的音符连接时显得尤为困难，必须要特别小心。

在这里两种方法原则上是任意选择，看个人手掌大小和使用习惯，只要音准准确，音符转换流畅都可以。但以笔者个人来说更倾向于摇摆法，因为这种方法是靠拇指上的肌肉开关，不似竖直法容易因为指甲滑动出现失误，而且木质竖笛还容易因此出现划痕损失。即便如此，在超高音、高音、中音笛上使用摇摆法，因为乐器尺寸偏小，左手拇指完全可以横过来，这样控制起来较为方便；但是次中音和低音笛的话，因为乐器尺寸较大，竖直法也未尝不可。

在我们研习了竖直法和摇摆法的技巧之后，最重要的问题仍然存在：指孔底要放开多少？这是一个困难且无法捉摸的问题，因为答案会随不同的乐器，甚至不同的音高而改变。

首先，打开二十分之一到十分之一孔，（不要误解指法表上圆圈里一半黑色所代表的意义，那并不是叫你把孔放开一半！）通常你要吹高一点，就需要放开较多。吹高音时的精确开孔大小是个很难应付的事儿，但有些音吹奏时必须调整气和舌头的姿势，所以不能只单单靠拇指孔的开闭大小来解决这个问题。

尽管如此，有些乐器吹某些音时只需放开极少的拇指孔，而有些则需要放开非常多。如果你的乐器有一两个音必须完全改变拇指孔的位置才能吹准，那就麻烦了；通常这种状况可以由修正其位置来解决，但必须由专家来着手。如果这是支高级乐器（特别是由专家个人制作而非工厂生产的），你可以把乐器送回制造者那儿，并且精确地描述不满意的地方，希望如何改进。

拇指孔放开得越大，所得到的音就越高。不管是对错误音高的补偿，或是强弱的力度变化，这都值得我们在控制高音域的音色时，好好地深思一番。

要成功地吹出高音，就必须做好对气的细微控制和精确协调，以及对拇指孔放开多少的准确把握。这是没有犯错机会的，所以当这些音把人难倒的时候，就会使人尽全力来应付：拇指非常努力地挤压，并且用爆裂的舌头和过多的空气逼挤出这些音来。这样做不但完全无济于事，相反会使拇指动作更加僵硬、迟缓，也更加不敏锐；而且如果你使用竖直法的话，甚至可能会损坏乐器的拇指孔。跳跃到高音要像"猫咪跳跃到又高又窄的棚架上"一样轻松准确，经过练习之后，我们也一样可以做到。

竖笛的高音区属于"急吹"气流组。随着音高的变化，吹出的气息与口型有细微的变化。音区越高，气息越急，口型越紧。吹奏高音区时，口风进入笛口应先在口腔内集中呈管状气流，这样才能使气息集中，音色明亮通畅。

总之，高音区声响的控制，是受左手大拇指的细微控制和吹奏力度的变化影响的，问题只会出在这两点（其他孔都按准了）。可以在同一吹奏力度下不断尝试大拇指的开缝程度；或者大拇指不变，调整吹奏的力度去寻找最美音色。

高音音阶练习

1. 高音音阶练习（谱16）提示：注意高音F的指法与中音略有不同，高音B和超高音C都是建立在高音A的指法基础上变化而来的，因此高音A的吹奏非常关键。能否吹出正确的高音主要取决于左手大拇指开缝大小和吹奏力度，可以多在这两项不断尝试并找到正确的控制。

康定情歌

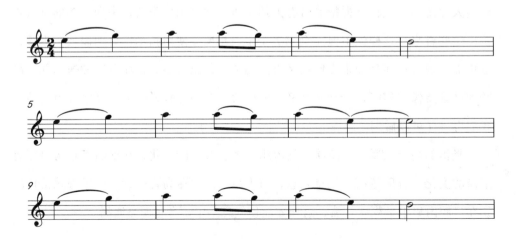

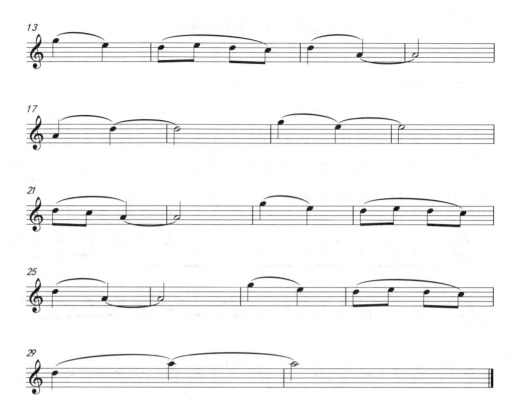

　　2. 练习曲《康定情歌》（谱17）提示：注意高音E到高音D之间指法的变换，所有手指要整齐同步，连续吐奏高音A时注意吐的力度不要过大。

良辰美景

　　3. 练习曲《良辰美景》（谱18）提示：注意变化音的指法，高音的持续。

第六节　综合技巧练习

一、吐音练习

吐音演奏一般分为三种：单吐、双吐和三吐。

（一）单吐：单吐是吐音练习的最基本内容，也是竖笛正确发声的开始，详见第一章第二节《发声方式》，在前文中关于断奏演奏法也已经有过实际练习了，所以在本节中将和全音阶指序练习综合起来。

1. 练习曲1（谱19）。

2. 练习曲2（谱27）提示：注意中低高音区切换时指法和吹奏力度的变换。

3. 练习曲3（谱28）提示：高音^bE指法可用23456代替标准指法。

歌唱祖国

王莘

4. 练习曲4《歌唱祖国》（谱20）提示：注意超高音吐奏的力度不要太大，否则很容易破音。

四小天鹅

柴可夫斯基

5. 练习曲5《四小天鹅》（谱21）提示：注意节奏型的变化，高音#G的指法，要把断奏演奏清楚才能更贴近芭蕾舞的舞蹈特点，突出四小天鹅滑稽可爱俏皮的特点。

（二）双吐：双吐演奏用"吐—库"这两个音节，双吐是在单吐的基础上发展而来的，由于单吐速度有限，当乐曲需要演奏快速十六分音符时，就需要用双吐音。"库"相对于"吐"音的演奏，由于舌头接触上腭位置比较靠后，气息会稍弱一点，容易吹得迟缓，故在练习时注意要与"吐"奏相平衡，使演奏达到短促有力、富有跳跃性的效果。

1. 双吐基础练习1（谱22）提示：舌头要灵活敏捷，吐音短促有力，"吐一库"力度要均匀。

将军令

古曲

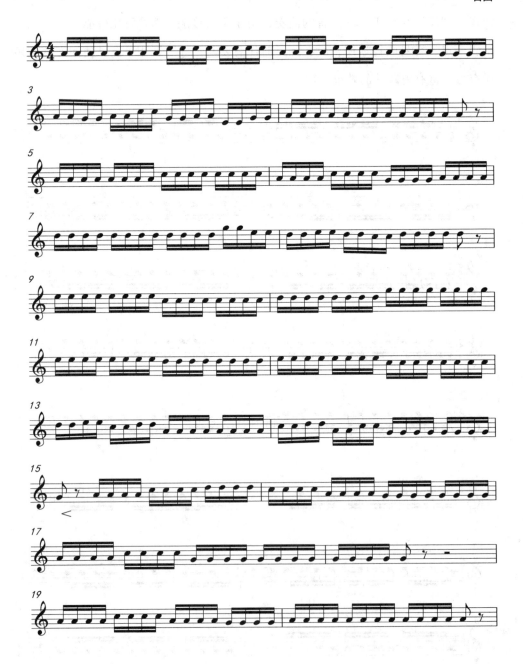

2. 双吐练习2《将军令》（谱23）提示：双吐要反复多练、长练，才能提升舌头的耐力以便演奏更长难句，高音部分要注意"吐—库"的力度，否则很容易"破音"。

查尔达什舞曲

3. 双吐练习3《查尔达什舞曲》（谱24）提示：注意中低音的吹奏力度，变化音指法。

土尔其进行曲

4. 双吐练习4《土耳其进行曲》（谱25）提示：注意高音吹奏的力度和大拇指变化，变化音指法。

太极琴侠

5. 双吐练习5《太极琴侠》（谱26）提示：注意高音EF交叉指法以及大跳音程中大拇指的切换。

（三）三吐：三吐是在单吐与双吐演奏基础上建立起来的，即单吐加双吐或者双吐加单吐，用"吐—吐库"或"吐库—吐"这三个音组成。

1. 三吐基础练习1（谱29）提示：注意两种不同节奏之间的变化。

赛马

2. 三吐练习2《赛马》（谱30）提示：多数情况下，比较快速的三吐节奏内部可以在八分音符处换气。

卡门序曲

3．三吐练习3《卡门序曲》（谱31）提示：注意本曲中各种演奏法之间的变换。

二、竖笛中的变化音指法规律和替代指法

在竖笛指法表中，变化音的指法看起来总是让人觉得眼花缭乱，初期很难识记，需要用到的时候总是不能及时使用出来，这里给各位推荐一个识记变化音的指法规律。我们都知道，在同一个八度内，按孔多就意味着音高变低。那么我们把所有的变化音都以降号的概念去理解的话，变化音就是在对应的自然音的基础上再继续按孔就可以了。举个例子：中音 $^\flat$B的指法，就是在中音B的指法基础上，加按3和4两个孔；中音 $^\sharp$G，我们把它理解为 $^\flat$A，并在A的基础上，加按4，5和6孔的大孔（有些类型竖笛是直接加按4，5孔即可）。虽然加按的孔的数量不完全一样，但规律多为隔一个孔再加按。

这里需要特殊关注的是 F 的指法。不考虑大拇指对高低音的影响情况下，中音的 F 和 ♯F，高音的 F 和 ♯F 是四个完全不同的指法，而在我们的乐器制式，尤其是竖笛乐团中，由于有 F 调竖笛的存在，在演奏 C 调以及各类"升号系"类型调式中，这四个音又不可避免地高频出现，对于一些初学者来说，是极易将它们的指法混淆的，所以要在吹奏作品前，提前做好准备。

（谱32）半音阶练习曲

我们在实际演奏中其实经常会遇到类似的问题，比如一个中音 B 到高音 C 的连奏，由于插指指法的存在，很难做到完美连接，这时候替代指法或许也是个不错的选择，它能尽可能地去保证好一些音符衔接的流畅度，同时又可以一定程度上简化手指的繁杂操作。

但是要注意的是，替代指法之所以是替代，甚至可以说是"替补"，那就有它不能成为"首席"的原因。所以在介绍一些替代指法之前，一定要跟大家再强调一下，替代指法的音准上是不够完美的，在音色上与标准指法对比也是不统一的，我们在使用的时候要用气息的强弱对其进行音准修正，这需要演奏者有足够精准的耳力。

另外，不同材质、不同制式、不同品牌、不同的乐器生产条件生产的竖笛，在替代指法音准上的表现也是不尽相同的，所以这里只介绍几个比较常遇到的音符连接，具体的音准修正是需要各位自己亲自去实践的。接下来笔者以高音竖笛为例：

1. 中音 F 在与其音高下方 D、$^{\#}$D、$^{\#}$C 等音符衔接时，可以视情况省略第七孔，也就是小拇指的按孔。一般情况下，这个指法音高会稍稍偏高于标准指法。（谱33）

2. 中音 B 可视情况变01指法为023，这样在和高音 C 做衔接的时候能避开插指指法，使得两个音之间连接更为流畅。这个指法音准相对标准指法来说，变化程度不大，非常不明显地稍稍低于标准指法，但是音色上比较暗淡，不够纯净，和其他的音符之间的音色也不够统一（谱34）。

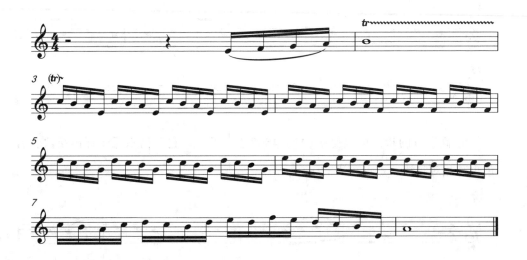

3. 中音升 G 可以在一定条件下省略按住第六孔，标准指法的第六孔也是只按主孔，不按附孔。这个替代指法相对会稍高一点（谱35）。

4. 高音的升 C 标准指法是12，可以选择只按0孔。可以在和高音 C 中音 B 做连接的情况下使用。这个指法在音准上稍高于标准指法，但是音色相对比较开放，明亮（谱36）。

5. 高音 D 的指法可以使用123／4567这个指法，它会稍稍低于标准指法，音色也是相对暗淡一点点（谱37）。

6. 高音 E 可以在标准指法上，不按0孔。这个指法与标准指法几乎是没有什么区别的。这样结合第5点的 D 的指法，可以直接演奏 D 的颤音，也就是连续的 D、E 之间的转换，否则按照标准指法，这两个音之间做多次快速的转换是非常困难的（谱38）。

7. 高音升 D 的指法本身就有两种，刚好对应两种不同的音色，大家可以视情况选择使用。第一种是23／456，这个指法发声比较响亮，易于操作，但是在和其他音符衔接时容易出现插指；第二种是0123／456，其中0是半孔，6是只按主孔，这个指法发声音色比较暗淡、紧绷，第六孔只按主孔的操作比较需要熟练度，但是胜在跟其他大部分音符衔接时指序比较顺畅（谱39）。

野蜂飞舞

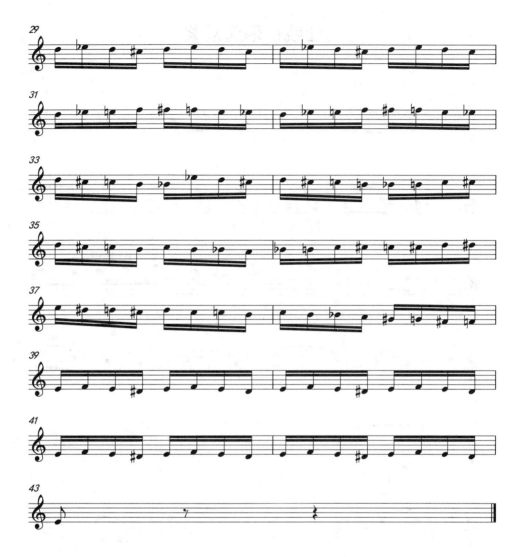

8. 特别说明一下高音的降 B 指法，不同品牌的竖笛在这个音符上的标准指法是不完全统一的，有些是按012／456，有些是012／4567，当然了这里的0孔都是高音按法。

替代指法很多不是唯一的，这里只是给大家分享一些经常遇到的音符连接的指法经验，但是的确还存在许多替代指法和使用它们的方法，需要的话，大家也可以耐心地自己去慢慢找，不过除了非常高级的专业演奏家之外，一般是不太用得上的。（谱40《野蜂飞舞》）

让我们荡起双桨

刘炽

《让我们荡起双桨》：此曲是一首非常适合竖笛高音练习的作品，演奏时要注意高音指法中左手大拇指的打开状态，同时要兼顾连音演奏法。超高音C 和高音B高音A之间的连接难度较大，需要反复练习才能够得心应手。

波列罗舞曲（片段）

拉威尔

《波列罗舞曲》：演奏这首作品一定要保证大连音线内部要圆润连贯流畅，不能出现断点，其中D和C，C和B，E和F之间的交叉指法需要特别注意，不能出现杂音。

滑翔翼

曹登昌

《滑翔翼》是中国台湾音乐家曹登昌创作的一首流行音乐风格的作品，该作品塑造了俏皮可爱的音乐形象，给人以欢快愉悦之感。吹奏这首作品时，要格外注意演奏法的准确性，断奏、持续奏和连音线要表达准确才能展现出应有的音乐形象。乐曲后半段的连续的切分节奏和演奏法要配合好，体现出切分重音。

浏阳河

徐叔华

《浏阳河》：吹奏这首作品要充分利用连音的演奏法来体现本曲的婉转悠扬，手指可以适当地在音符连接时带入一点点滑音的技巧，更能体现民族音乐特色。另外在演奏八分附点节奏时可以略夸张表达，也就是附点音符再长一些，十六分音符再短一点来体现地方音乐的特点。

三十里铺

陕北民歌

《三十里铺》：吹奏这首作品时要充分理解两种不同节拍的律动。2/4拍的部分用连音演奏出流畅悠扬的旋律特点。6/8拍的部分全部使用吐音演奏，突出"舞蹈性"的节奏感。给听众以明显强烈的律动对比。

拔根芦柴花

江苏民歌

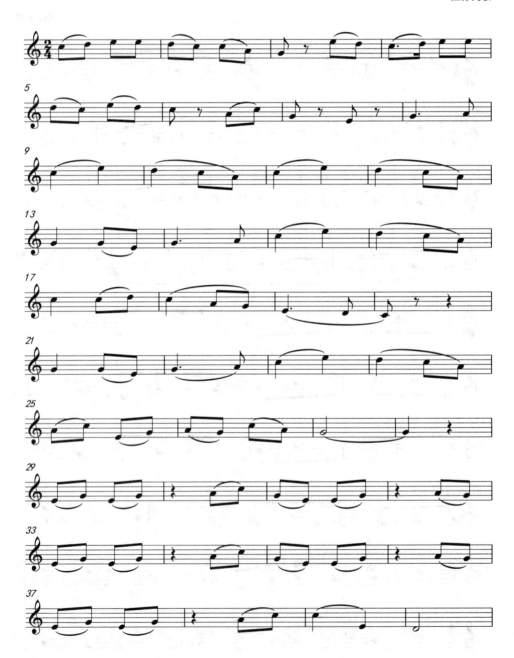

《拔根芦柴花》：作品中连音多以一对一对的形式呈现，在吹奏时要注意上一个连音到下一个吐音之间不能有明显的缝隙或者吐音痕迹，否则很容易把两个八分音符吹奏成"长短腿"节奏。因为吐音多在中音区出现，所以在吹奏时舌头与上颚接触点要适当靠后，接触面要适当摊开，这样可以避免中音吐音破音，同时可以起到软化吐音音头的效果，使得整首作品更加婉转动人。

微笑波尔卡

拉格纳·沙尔汀

《微笑波尔卡》：第一个主题中连续的、快速的半音进行是本曲中的难点部分，要在连音演奏法下吹奏得清晰干净，音符准确分明，连音和后续的跳音对比要明显，表现作品诙谐俏皮的特点。中音B的颤音，要使用替代指法（详见上文）才能吹奏准确。第二个主题转到G调上要体现保持音的吹奏特点，但是吐奏时力度要控制好，不能破音，连音跳音表达准确。第三个主题回到C调来，跳音内容比较多，同时四个十六分音符要演奏成双吐。乐曲整体需要在一个比较快的速度中完成。

飞鸟

郭杨

　　《飞鸟》是音乐家郭杨创作的一首描述海边自由翱翔的飞鸟的作品，作品第一段使用C混合利底亚调式音阶，通过调式的特征音程转调到第二段d小调。作品中每个音符衔接和节奏都给人一种无法捉摸就像肆意游弋的飞鸟一样的听觉感受，使听众更能从流动的音符中体会到在广阔大海上纵情遨游的无拘无束与酣畅挥洒。作品中对于四个十六分音符有几种特殊的节奏处理：第一种是类似第一小节中以两对出现；第二种是第三小节中第一第二连音，然后第三个音符断奏，第四个音符以切分重音形式连接到下一个同音，这里一定要处理好这四个相同节奏却有着四个不同吹奏方式的音符；第三种在第九小节，这是一组典型的重音移位的吹奏方法，注意每四个音的最后一个音符才是重音，然后连接到下一拍的前三个音。第二个d小调的主题中，大三连音的节奏要把握准确。

老鹰之歌

达尼埃尔·阿洛米娅·罗布莱斯

《老鹰之歌》：本曲的重点是a小调特征音符#G的，要注意这个音的高音和中音是不同的指法，高音的#G对大拇指开孔和气息力度要求比较高，建议先提前吹奏长音找一找这个音的吹奏状态；中音的#G要控制好右手无名指也就是第七孔的开小孔。本曲的第二个主题也就是第27小节后速度要快一倍，音符非常密集，演奏法的变换也比较频繁，需要多次练习。

季节的回转

久石让

　　《季节的回转》：本曲一共三个主题，第一个主题多以逆分节奏呈现，要体现音乐的诉说感，同时注意八分音符演奏法的变化。第二个主题中所有的音符均要吹奏得饱满圆润，旋律要流畅自然，其中的变化音指法要演准确同时确保连音

连贯无杂音。第三个主题在音程上有比较夸张的大跳，在演奏法上跳音与连音反复切换需要格外注意，同时在整体上又要把持模进乐句之间演奏效果的统一性。

西班牙斗牛士

　　《西班牙斗牛士》：全曲热烈欢快，节奏上虽然是进行曲节奏并不复杂，但是调式调性转换带来的变化音级比较多，在较快速的音符衔接处对于指法变换是不小的挑战。第一个主题以三吐方式演奏；第二个主题中十六分音符用双吐吹奏，注意三连音的节奏准确性；第三个主题中（第44小节开始处）演奏法与节奏结合起来带来的特殊的律动要把握准确；第四个主题也就是D大调部分高音D的指法属于超吹，需要提前练习之后再加入作品中吹奏。

小酸梅果变奏曲

《小酸梅果变奏曲》：这是一首典型的快速双吐活指练习曲。一个主题加上两次变奏一共三段。建议先从慢速练习开始，熟练后逐渐加快，最后能做到一口气一次变奏，基本上就算是非常熟练地掌握这首练习曲了，其中要注意双吐要吹奏得颗粒饱满、清晰利落。

Purple Passion

Diana Boncheva

“Purple Passion”：作品由于选用d和声小调，所以其中的bB音符非常高频地出现，这个指法在和很多其他音符的指法进行衔接的时候多以插指指法进行，所以有一定的难度。同时要注意中音$^{\flat}$B和高音$^{\flat}$B指法上又有所不同，不同的材质品牌对于这个音符的指法也有可能不同，所以吹奏前最好对照指法表把这两个音的指法先确认好再进行练习，同时还要注意特征音符$^{\#}$G的指法。吹奏本曲时，还要注意演奏法与切分节奏结合后的律动感。

第三章　竖笛多声部演奏与排练

第一节　竖笛的演奏形式

竖笛其实也是有很多种演奏形式的乐器，除了最基础的独奏之外，还可以进行多声部演奏，竖笛的"家族成员"也是比较多的，以音区划分出高音、超高音、中音、次中音、低音、倍低音，等等，可以像弦乐重奏那样只用各音区竖笛完成一首多声部作品。

除此之外，竖笛完全可以融入多种乐器的乐团中担任一些特色音效，或者作为木管乐器进入大乐队表演中。

目前最常见的还是纯竖笛乐团，所以接下来的乐团篇重点介绍这种演奏形式。

第二节　竖笛乐队排练

一、构建乐团的准备

想要组织一个竖笛乐团，前期准备是必不可少的，要知道这不是一个人吹奏，可以随时随地随心，乐团演奏就不仅仅是陶冶心情那么简单了，往往是要伴随着舞台展示、比赛、录制等各种非主观意愿的活动，只有充足的准备才能更好地应对各种情况。

乐团的组成首先是要有一群可以稳定排练演出的人，要知道一个作品的产出，任何一位演奏人员都不能疏于排练，毕竟作品是要每一位演奏人员共同合作才能完成的。

第一，根据成员的人数，要有相对应的乐器，而且最好是有符合成员的总数的对应声部的乐器。比如有20个人，但是有16个高音笛，这个比例相对来说就不能演奏更多声部的作品，因为大家的音区过于统一了。也就是说，要合理分配声部人员，并让他们有相对应的乐器。当然，如果是一群爱好者而非从业人员，倒不用拘泥于此，至少同一音区的乐器演奏二声部或者三声部音乐也是可以的。但如果是校园乐队建设，那这其实是一个非常重要的内容。

第二，要拥有一个合适的排练场地。大家可能会对这个问题有困惑，排练的场地看似"是个空地"就可以，实际上还是值得考究的。不考虑扰民问题，单考虑音响效果，户外基本就不用想了，一定要室内，因为户外排练要看天气的"脸色"。室内的话，如果是场地比较空旷的类似于体育场这种的也不行，因为它的回响过大过久，会给我们的听觉感受带来很大的困扰。太小的琴房，或者杂物过多的房间，又会因为声音漫反射太多，吸音太多，造成听感很"死板"。一个大小适中的、光线充足的、简单装修的、没有很多物品堆积的房间是最适合的选择。当然有条件的情况下，音乐厅永远是首选。

第三，要有足够乐谱架。这点很好理解，毕竟我们不能在一个平面桌子上看谱子，头要一直低着就再也不会理会指挥了，反复抬头低头又很辛苦，最重要的是，较大的低音笛并不适合坐着或者坐在桌子前演奏，那样对持笛本身就是一种限制。至少我们不能让各位演奏员在排练的时候一直处在一种别扭的身体状态中。

第四，整个团队中至少需要一名懂得竖笛多声部排练以及指挥的专业音乐老师。一个好的指挥老师是一个乐团的最核心资源，指挥能够跳开演奏从整体上来对乐队进行排练调整进而优化演奏。

第五，适合大多数团员演奏难度的乐谱，或者大家都不排斥的风格类型的乐谱。如乐队负责人在选用乐谱的时候，用了太难的乐谱，会增加演出失误的风险，增加排练难度，增加参演人员压力，打击演奏人员信心和积极性。最难过的是，即使这么多负面的东西都经历过了，仍然不能呈现作品风格面貌，那就太尴尬了。而太简单的作品又很难让人产生兴趣和成就感。另外，每个人都有自己的欣赏风格和习惯，一些过于小众特立独行的作品也不用考虑了。

第六，在选择乐曲之后，还要考虑分谱的制式。对于指挥来说，阅读总谱往往是五线谱更适合，但是分谱的选择就要看情况而定了。如果团员都是有音乐基础的，能够看五线谱演奏，而且能熟练使用两种不同指法的，当然是直接给到五线谱分谱最好不过了。但是现实条件往往不是这样的，竖笛乐团尤其是校园团队，为了能够把时间更多地用在排练上，还是建议用统一的C指法，以简谱的形式发放分谱，这样至少可以保证每一位吹奏人员都能以最舒服的方式看懂乐谱。当然了会有一部分习惯五线谱的团员，是没有必要强求使用简谱的。不过作为指挥来说，要求能熟练转换两种乐谱，并且了解移调乐器的记谱规则。

二、竖笛乐团的声部人数比例配置。

竖笛乐团不像民族乐团或者交响乐团那样有着相对完备的编制规则，比如常常听过的"单管编制""双管编制"乐团。因为这些乐团乐器种类多样、丰富、庞大，乐团整体能做到的响度变化和色彩对比非常强烈。而竖笛团的音色高度融合（是优点也是缺点），但是响度对比不够强烈，不同音区的乐器响度差距又比较大。比如在音乐厅内，一支高音竖笛往往在响度上能盖住很多支低音竖笛，更不要说是在演奏低音乐器的低音区了。

这些特性决定了竖笛乐团往往使用"金字塔"型的声部结构，也就是从低音声部到高音声部乐器数量递减。在主流的音乐风格中，高音竖笛一般一到三支就足够，甚至会放弃高音竖笛的使用。当然具体要看演奏音乐的声部分配和风格类型，不过这个基本的构建思路是不变的。

三、排练步骤

拿到乐谱之后，首先要做的事情可以参照前文第二章乐谱信息部分的内容，接下来重点向大家分享一些笔者个人的排练经验。

第一步是按照声部分发乐谱，每个声部要选举出一位声部长，指挥老师直接责任到声部长。在提前做好分析乐谱、划定演奏法工作后，将演奏法或者其他标记交给各位声部长誊抄，声部长再负责交代每一个声部成员誊抄，注意是誊抄而不是提前在分谱上打印好。因为面对校园乐团，希望成员能够自己用其他颜色的笔在乐谱上做标记，毕竟不可能每位都是"天赋型选手"，自己动笔标记有助于乐谱记忆。

第二步是带领大家一起欣赏作品。如果是原创作品，可以直接欣赏制作软件合成的电子音乐，这样大家会对作品整体有个大概认知。如果是改编作品，可以给大家欣赏一下被改编版本的原声，把改编版本与原版做一个简单的对比，这样大家对作品的演绎就不会偏离太多，同时做到对本声部的内容"心中有数"。如果是翻奏其他竖笛乐团演过的版本，那就直接欣赏竖笛团的版本即可。

第三步就是分声部练习，这一点可以详参前文第二章的部分。需要强调的是演奏法的绝对统一，就像管弦乐团的乐团首席会给各位琴手统一好弓法气口一样。

第四步就是合排或者说联排，进行合排的前提一定是分声部的指法、节奏、演奏法等基本演奏要素已经达到标准，或者至少将本次要排练的内容完成。各位老师在排练时一定要提前做好作品分析，曲式段落标注明确，有计划有准备地进行排练，做好日程安排。

在每一次合排的开始之前，一定要做一次调音，这部分内容比较庞大，下文会单独做一个主题讲解。

在合排中我们有时会发现之前标定的演奏法、气口，甚至作品本身编排内容等前期计划好的部分，不完全符合实际排练情况，这时候可以通过对比，或者请更多的同行老师以及征求演奏人员意见等方式进行一定的改动，这完全是可以的，但前提是这些改动是有道理的而不是"心血来潮"的。

四、调音

在自己吹奏竖笛时，只要各个音之间的音程关系听起来是正确的，就影响不大。然而，在乐团中，音高准不准确就不能靠某个人主观认定，而是必须配合其他演奏者的客观效果。当大家以相同的音高进行齐奏的时候，指挥者仔细聆听"拍音"并去消减它们，这样才能得到无"拍音"的齐奏，当出现如纯四五、大小三六等音程时候，注意力就要转移到"分音"上了。

"拍音"和"分音"现象在没有物理学、听觉的证实情况下，很难单单用文字来描述清楚。不过这两种声音现象对于乐团的调音都很有帮助，所以这里尽力地叙述清楚。

那么"拍音"和"分音"是什么呢？

如果各位有过多声部音乐排练经验，就会知道在齐奏同一音高尤其是只有两个人在演奏相同乐器的时候，会出现一种时而强烈时而温和，有时又会消失的很明显的"波浪"的声音，强烈的时候就像"打花舌"一样的声音，这其实就是拍音。

有时在演奏八度内的其他音程关系的两个音时，会听到一个"嗡嗡"的持续的声音，这个声音比较"玄妙"，要静下心仔细听才会感受得到，而且这个"嗡嗡"声具有一定的音高，但又不属于正在演奏的任何音，这就是分音。

拍音是一种音响现象，由两个频率相近（但不相同）的音波之间互相干扰而产生。在听觉上可以听到强音规律的出现，虽然轻微，但清晰可闻。

分音是在音响现象中，当两个音同时发声时，所听到的与此两者音高不同的音。此音的频率为两音（或其倍数）的差，也叫作"和音"。譬如，两音的频率若各为1200Hz与700Hz，则可以听到下列的分音（D）与和音（S）：D1：1200−700=500（Hz）；D2：2×1200−700=1700（Hz）；D3：2×700−1200=200（Hz）；S1：1200+700=1900（Hz）；S2：2×1200+700=3100（Hz）；S3：2×700+1200=2600（Hz）等。组合音虽是音响学现象，实际上却是生理现象。当1200Hz与700Hz振动产生时，500Hz、1700Hz等振动实际上并不存在；它只是内耳的非直线形组织（nonlinear organization）造成了一种听觉，相当于诸高低频率。

想要听到和了解拍音并不困难，而且对于达成完美的齐奏极有帮助，因此每位读者应该试着在这些说明中继续努力。分音则比较困难，因此有些读者会选择先跳过这个题目，当其音乐技巧和知识水平达到能够理解这些听觉现象时，再回到这个题目上。

所有的声音都是由振动产生的；振动到达耳朵后立刻造成一个特别的可供辨认的特征。这个特征是经由其基本的振动方式来辨认的，即音高（音调）。举例来说，最普通的A−440，是一般现代乐团所调的标准音，A是指中央C上方的A，也就是中音竖笛的最低音A，440是指每秒振动440次的音波传入我们的耳朵，造成这个音高的印象。有人天生具有绝对音感，可以完全察觉各音符音高的差异。当他们听到一个音以440Hz振动时可以认出这个音是A，而415Hz对他们来说也很容易分辨，那就是 ♭A。虽然这在许多方面很有用，但绝对音感也可能是一种"不幸"。笔者记得有一位很有天赋但是不快乐的双簧管家，在中学时她从一台低了半音的钢琴上学到绝对音感。因此，她所演奏的所有声音对她的耳朵来说，都高了半音。虽然她极有才气，但最后她放弃了音乐。

假设，我们要把音调到和某个人的A-440一样高，我们会以自己的音来配合这个A，企图吹出每秒（声波的）440次振动。同样的指法应该产生同样的音高——是吗？不完全是。如果我们的音比所要配合的音稍微高了一点儿，它将振动得稍快一些，好比是A-445；而如果我们的音有点低，它将振动得稍慢一些，好比是A-435。这两种情况我们都可以察觉：在些微配合不当的两音之间会有一种振动的感觉。这些振动或是拍音，将因为两音间的振动差而有所不同。因此，上面的两个例子将在每秒产生5次拍音（440减435等于每秒5次拍音；445减440等于每秒5次拍音）。如果两音高离得愈远，其拍音就会愈快；如果愈近，拍音就会愈慢。只有在两个音高完全相同地一起振动时，我们才会得到一个单音的印象。

比较起来，拍音是很容易听到的，而且在将乐器调到相同的音高时极为有用。可采用下列的程序：指定一个人当"固定人"，吹奏一个稳定的音。另外一个"发现人"，改变所吹出的气，较坚硬或柔软地吹奏，而且聆听所产生的拍音速度，以这些方式来找到相同的音高。如果在开始时产生了拍音（通常是会产生的），这个"发现人"有两种选择：他可以吹得坚硬些或柔软些。他在不知道自己高低的情形下，有百分之五十的机会做出正确的选择。假如拍音变慢了，就表示他以正确的方向改变了气，如此继续下去就能和他的同伴完成同一个无拍音的音高。如果这第一次的猜测是错误的，那拍音就会变得更快；不过接下来第二次便可以修正得百分之百成功。如果他较坚硬地吹奏而使拍音变快，那么他就知道该改用较柔软地吹奏；反之亦然。

有些人第一次接触到这种使拍音消失的调音概念，可能会发生一些问题。当

"发现人"听到了拍音，有可能选择了错误的方向，接着会听到拍音变快了，他可能会一阵惊慌而越错越离谱，导致瞬间的混乱。或许运气好，一开始就吹出一个无拍音的齐奏，可是"发现人"还在寻找他想要听到的拍音，这时"固定人"可能不甚稳定，并很同情地配合"发现人"移动，如此一来这两人不停地改变以寻求其所希望的结合。这时就要请一位客观的第三者来解决这种混乱。好了，现在终于每个人都能保持冷静，而且慢慢了解达成调准音使节拍消失的方法，并完全忽视那些关于我们的音准或高或低时所要做的恐怖决定。拍音很容易听到，而且当我们了解到如何使用它来引导我们达成所希望的统一振动时，它本身就会具有一种容易感觉得到的、可分辨的音响，使我们每次都能很容易地找到它。

要吹准八度音，也是探用和无拍音齐奏同性质的方式。如果我们吹一个A-440，则比它高一个八度的A'，其振动数恰好是A的两倍，即A-880。同样的道理，比A-440低一个八度的A，其振动数则为220。这就是音乐中八度的定义：振动快一倍的就是高八度，慢一倍的则是低八度。就竖笛来说，音的第二明显的构成要素是比基本振动型式快两倍的振动。我们利用这种基本振动型式来调无拍音的齐奏，而利用第二振动型式来调八度。这个下方八度音的第二种型式（880），必须与上方八度音的基本型式（880）相符合。这些八度之间的拍音，无论如何是比同音之间的拍音听起来不明显的。因此我建议在旋律中加入八度音，而上方音应该试着消失于下方音之中，这时上方音的振动必须配合于下方音的第二振动型式。在旋律中，八度音具有一种银铃般清越的特质，由它较高型式的振动使它的音响丰富。

对我们的听觉来说，分音要比无拍音的齐奏或八度来得难以捉摸。这并不是因为很不容易听到分音，而是因为很难加以注意。在我们吹奏两把中音或高音竖笛时，我们听到分音时通常会感到厌烦。它们在耳朵里"嗡嗡"作响，而我们在合奏时都努力将它们忽略。当我们在吹奏准确的音程时，这分音就较不容易被注意到。分音是由我们的耳朵所制造出来的。对分音的描述（而非解释）如下：当两种不同的音高到达耳朵时，耳朵制造出一种嗡嗡的音色，它振动的速度是上方音与下方音之间的差。

　　这个描述是不是好像在哪儿听过？应该是的，因为它和拍音振动现象的描述相同，除了在此处两个音高离得更远，因此两音高间的拍音更快，快得使我们觉得"嗡嗡"声像是一个清楚的音高。下面示范节拍和分音间的关系：

　　一开始，我和一位同伴在中音竖笛上吹奏一个完全无拍音的齐奏 G音（只按左手第二指）。得到这个音之后，请我的同伴保持住音高，而我开始慢慢在竖笛第一孔上按下第一指，第三孔按下第三指，最后是第四指，如此一来就在同伴的G'音下方产生一个替换指法的E音。在这两音之间发生了以下的事：首先我们听到拍音，我的音越低时拍音变得越快；然后转变为刺耳的"嗡嗡"声，再来是不明确的"嗡嗡"声；而我最后停留在E音时，这"嗡嗡"声就成了一个可辨认的C音高，比我吹的E音低了两个八度又大三度。

　　当这个分音被察觉及辨认后，我们再从G' 和E 开始（这次我使用标准指法，拇指和第一指），然后我慢慢按下第二指，产生一个D音；这样所造成分音的"嗡嗡"声将提高到G音，比我同伴所吹的G'音低了两个八度。按下第三指之后，所吹出的C音使得分音再度提高，比我所吹出的C音低了一个八度。

　　如果两位吹奏者互相的坐法和乐器的角度正确，就比较容易察觉不同的分音或拍音。同时，若其中一位吹奏者向两侧稍微摇摆，则可以帮助这些有区别的振动进出耳朵。也许你会问，既然这些分音这么难听到，我们又何必为它们操心呢？这问题有两个答案。

　　第一，这是使音程准确的手段。当分音以其适当的速度振动时（也就是它最不引人注意的时候），这两个音此时处于恰好正确的关系，而两音同时发声的音程将产生其最清楚、最鲜明、最有特性的音响。举例来说，两音之间的完全五度，C和G，其关系是如此的密切，但很容易被一个单独的声音所干扰：如果这个五度比完全五度小，则此两音将产生微弱的拍音，而其下方的分音将是模糊的，整个音响会不清楚。听分音能够训练我们的听觉变得敏锐，带领我们去体会完全音程所应有的音色。

　　下面以C大三和弦来解释分音。

　　「纯五度」在下方音之下八度产生分音；

　　「纯四度」在下方音之下八度又五度产生分音；

「大三度」在下方音之下二个八度产生分音；

「小三度」在下方音之下二个八度又大三度产生分音。

有趣的是：在这些范例中，大三和弦的各音之间所产生的分音都与该和弦的根音相同（在C大三和弦中，根音为C），而与其距离一个或两个八度。这就是准确的大三和弦听起来如此结实清楚的原因。分音为和弦提供了更坚固的基础。

我们应该为分音操心问题的第二个答案——一个必然的结果——是不管我们想不想要，分音总是存在的；所以最好还是去了解它、驯服它。

在我们接下来进行竖笛团调音法之前，有最后一个劝告：在调音的任何阶段，不管你用的是刚才所讲的科学程序或是接下来要讲的实用建议，你都应该吹出一种完全平直、平坦的音色。有人在调音时会带有颤音，这就好像以摇荡的方式走钢索一样，对独奏来说颤音的效果不错，不过用在乐团合奏上就令人感到嫌恶了。

音准是任何乐团的最基本技巧。钢琴家由专业调音师负责把乐器调好音，而钢琴家所能做的（也只能做的）就是敲击琴键，即使所产生的音不准也与他无关。而我们演奏竖笛时，对音高的直接控制就要负很大的责任了。一开始我们必须一起调音，然后在整个演奏过程中聆听并校正（音高）。我们的任务并不简单，不过却是极有价值的，因为我们可以演奏得很准，这是探用十二平均律调音的键盘乐器永远无法办到的。我们在决定一个几乎准确的音究竟是偏高还是偏低时，会互相寻求协助。通常"局外人"听一个音的高低比演奏者自己听要容易。在有所怀疑时，我们应当向乐团中某位团员或指挥询问。还有一个事实，在有些日子里听力会特别好。我们在良好的休息和警觉下，耳朵会比较敏锐。当我们疲倦的时候，对听觉就像对其他事情一样，注意力会减退。我们在乐团中互相帮助使演奏得音准，这并不容易，而且永远不会容易，但大家一起努力就能办得到。

首先要决定的就是是否要调标准音高A-440。这个音高可以从音叉、电子调音器获得，或是仅由竖笛相互间调整。因为竖笛和标准音高间的变化很大，所以建议探用最后一种程序；除非和键盘乐器一起演奏时，那显然必须按照键盘乐器的音高来调整了。

当竖笛的音偏高时，就将头和中间的接合处拉开一点儿，借此增长管长并降低音高。当竖笛的音偏低时，则将它们推近。一把最低的竖笛，即使将各接合处都用尽方法推近后仍是最低的竖笛，那么所有其他的竖笛就得配合这把竖笛来调音。如果某人的竖笛音特别低，那也不必完全迁就它来调音，而造成其他乐器的不方便，因为笛身接合处为配合音高较低的笛子调音而拉开太多的话，将会失去整把竖笛的音准。

推开或是拉近笛身接合处，在竖笛上对于自然音的影响最大，比如高音和次中音竖笛上的D音，以及中音和低音竖笛上的G音，所以最好不要用这些音来调音。同时也最好要避免用那些最不受影响的音来调音，比如高音和次中音竖笛上第二个八度的E音，以及中音和低音竖笛上第二个八度的A音。所以在用A来调音的时候要当心，即使这个音通常是脑子里浮现的第一个音。在任何竖笛上都适合用来调音的音，是左手三根手指和拇指所按的音。这些稳固的音一定是准的，不需要用到任何特殊的指法；如果这些音不准，那可能是乐器出毛病了。这些音借着拉开或推近来调整，而使得乐团的音高一致。

在两位伙伴要一起吹奏些简单的二重奏时，他们可以一起调中音竖笛的E或D音，或是高音竖笛的B或A音，甚至两种不同尺寸竖笛所共有的音。他们可以自由选择注意或是忽视其产生的分音。不过就乐团合奏来说，较彻底的调音程序还是必要的，建议的方式如下：

1. 先从次中音竖笛开始，用低音G来调整成无拍音的齐奏。让每个人拉开或推近其乐器，直到音准为止。

2. 次中音竖笛用以上方式继续吹奏G音，然后中音竖笛加入，吹奏低音区的C音，在次中音竖笛的G音上方形成一个完全四度。

3. 现在开始调低音竖笛的C音，和中音竖笛距离一个八度，在次中音竖笛下方形成一个五度，而使之相互谐和。

4. 最后，高音竖笛调G音，与次中音竖笛距离一个八度，在中音竖笛上方形成一个五度，而使之相互谐和。

你可以用A与D音做成类似的设计，用两根手指和拇指来调音。要记得的是，此时调音包括各种尺寸的竖笛，所以可能需要重新检查一下最初的次中音竖笛齐奏。

这种调音方法调准了最稳定的基本音，不过每一位吹奏者还是要用气和指法来完成特殊需要时的调整，这必须是自行在乐器上发现并解决的。大部分竖笛本身的音并不是完全准确的，所以吹奏者若知道该如何以自己的气或指法来做调整的话，是很有益处的。举例来说，在许多乐器上，最低的两个音会偏高，必须要轻轻地吹；有时八度会过"宽"，也必须用气或指法来加以调整。仔细地练习和聆听，吹奏者便可以愈来愈了解自己的乐器，而做出和谐的调音。

现在所有的竖笛都调准了，但如果乐团中有其他弦乐器的话，也要和竖笛调同样的音高。但无论如何，还是存在着另一个风险：除非所有的竖笛都已确实地暖笛，否则一开始吹奏时，音几乎会立刻升高，而且会持续升高。当然，演奏者也会发现到这个问题。同样的事情也会发生在簧片乐器的演奏者身上，当他们对升高的音准尽力吹奏时会变得越来越疲乏。在此，我的忠告是：竖笛团中如果有其他的乐器时，要不断将竖笛拉出来一些，以符合最初的音高。

如果乐曲的开头是所有人一起演奏的，其合理的做法是调准第一个和弦。在早期音乐中，第一个和弦都是谐和的。如果这个和弦听起来音不准，校正的方法如下：

1.以八度音来调准此和弦的根音（低音）。

2.调准根音上最低的五度音，再调所有和五度音相差八度的音。

3.调准三度音。

其他类似这种调音的和弦有：作品中的最后和弦、特定段落的最后和弦，或是位于乐句末尾的谐和和弦。

每当两个声部形成齐奏或八度时，就是检查音准的好机会；如果出了问题，就应当在该问题处吹长音互相聆听。五度和四度音程也是很容易用来检查音准的。把一个作品演奏得很准就像琢磨宝石一样，轮流磨亮每一个音程，直到和弦闪闪发光为止。

五、竖笛堵塞处理

竖笛发生堵塞问题分为两种：一种是固体堵塞，一种是液体或者说水泡堵塞。

第一种情况是固体堵塞。有一部分朋友尤其是小朋友不太注意竖笛卫生问题，会在吹奏前吃点东西，有些食物会在口腔遗留残渣，然后又被吹到了笛腔内，这就形成了堵塞。解决办法很简单，就是把竖笛拆开，用软毛刷轻轻通一通，刷不到的地方，用力地把残留物吹出去。

无论是美观，还是卫生，或是从演奏层面考虑，建议大家在吹奏前最好不要吃东西；如果是在饭后练习或者排练演出，最好先洗手漱口后再进行吹奏，这样可以大大减少这种固体堵塞的概率，从而保证整体的吹奏状态。

第二种情况是液体堵塞。这种情况在环境温度较低的时候更容易出现，这也是常见的物理现象。我们吹出的暖湿气流是带有一定的水分的，气体中的水分遇到笛腔温度较低的内壁会凝结成水雾，这些水雾随着吹奏不断增加聚集成水珠，最后堵住发音孔导致吹奏中断。一些同学在解决这个问题的时候就是简单地用力吹，或者捂着发音孔用力吹。这种操作是不建议的，一是不美观，二是会产生很大的啸叫声，影响排练纪律。试想一下，指挥老师正在讲台上进行排练，底下时不时传来各种奇怪的啸叫声，那是多么难过的一件事。还有的同学会在吹奏间隙，用力甩动竖笛，这是一种非常危险的方式，很容易伤到竖笛和其他的乐团成员。

下面给大家三种处理这类问题的方法和建议：

第一种就是前文提到的暖笛。暖笛不仅可以维持温度保持音准，还可以使得我们吹气的温度与笛腔温度相差没那么大，从而改善水雾凝结问题。暖笛的方式有两种。第一种方式是在排练前或者演出前进行一定时间的长音吹奏，让我们口腔的暖湿气流不断地给竖笛"升温"。如果在演出前不允许让我们吹出声音，我们可以用手堵住竖笛的发音孔，轻一点地持续吹气暖笛，注意如果用力太多容易产生刺耳的啸叫声，那可就惹麻烦了。第二种方式是一直把竖笛捂在我们的手心或者怀里，如果是中低音那种大一点的笛子，我们至少要把笛头的部分捂好，尽量让其少受环境温度影响。

第二种是在排练演出或者练习间隙，让有竖笛堵塞问题或可能性的团员统一把笛头拔下来，手指堵住吹口，连接处斜着朝地面，用力去吹竖笛的发音孔。

第三种方法就是直接换一个品质更优秀的竖笛。因为无论我们怎样去暖笛，随着不断地吹奏，总是会有凝结现象的，这在各类吹管乐器中都是常见现象。但是，乐器本身的排水能力是有差别的，一些材质和做工不够考究的竖笛不能及时排出水分，就比较容易堵塞。

但有一种水泡堵塞情况跟吹奏技术相关。在我们教学过程中，会发现有较少的一部分同学的吐奏是比较奇怪的，他们总是会在吐奏的时候连带一些口水或者唾液吹到笛子中去。口水还好一点，能够顺利流出去，要是唾液就麻烦了，因为唾液是水泡，流动性比较差。这个问题就不能从笛子身上找答案了，只能先解决吹奏的问题，不解决之前是不能让他们参与吹奏的，音乐老师、他们的家长和语言老师要共同想办法帮助这类同学纠正吹奏方式。

上面所说的都是排练前的准备，或者是在非吹奏进行时的状态下。那当我们正在台上演奏的时候遇到液体堵塞该怎么办呢？

大家要有尊重舞台尊重观众的概念，不要因为自己的问题导致正常演出的完全中断，影响舞台效果和听众感受。所以终止演出调整继续，或者重新来过的方法就不要去考虑了，特殊情况要特殊对待，特殊解决。可以参考的方法是，趁着换气的时候把堵塞的液体用力吸出来。各位读者不要觉得这是一件"恶心"或者难以做到的事情，前文提到了，这不是单纯的"口水"，而是暖湿气流凝结出来的水。"万难时刻"要用"特殊手段"，毕竟这是在表演状态下的"无奈之举"。

第三节 多声部演奏（谱例）

拉起手

李存

2

　　《拉起手》是一首颇具时代特点和青春朝气的少年儿童歌曲。其歌词非常简洁,鲜明地表达了和平、友谊、团结的主题。这个主题正是当今世界各国人民的共同愿望,它符合今后世界发展的趋势和潮流。歌曲为两段体结构。其节奏具有稳健而富有动力的特征,给人以不断向前涌动的感受。其旋律时而以跳进为主,时而又以级进为主,这种交错展现的形式给人留下欢快、活泼、热情、富有朝气的强烈印象。

红莓果

波兰民歌

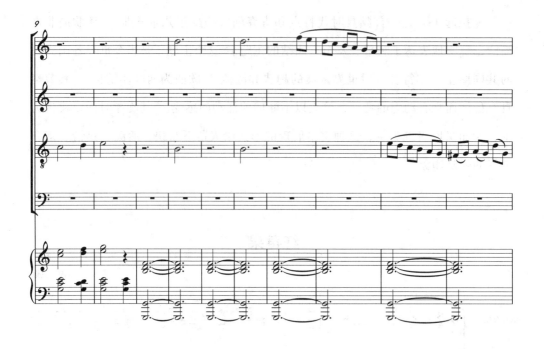

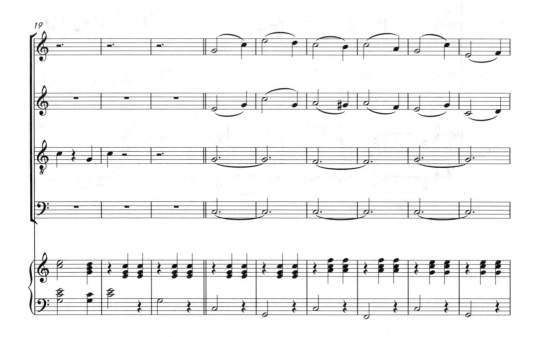

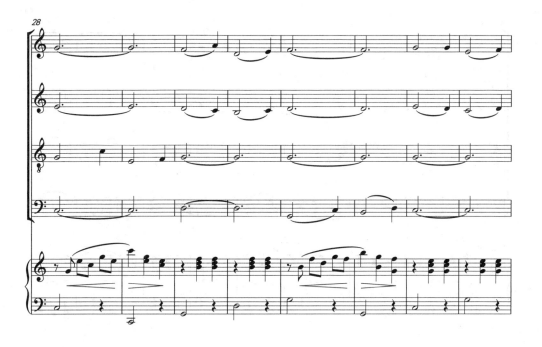

3

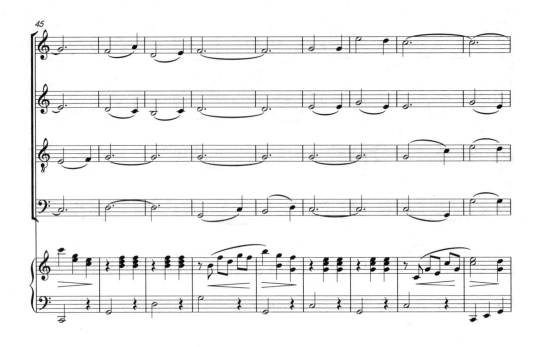

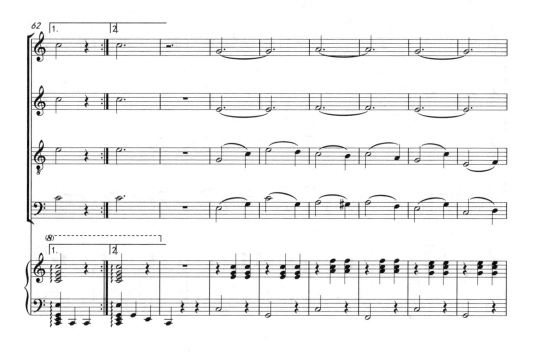

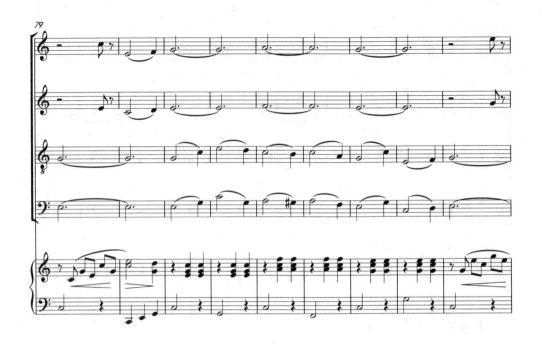

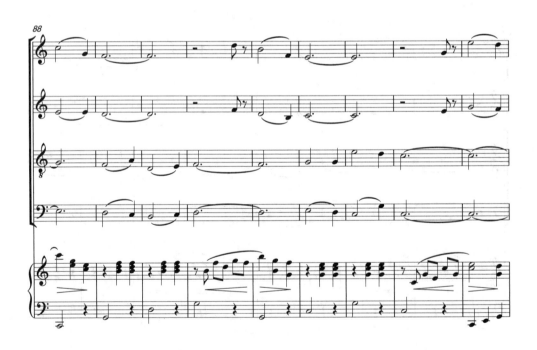

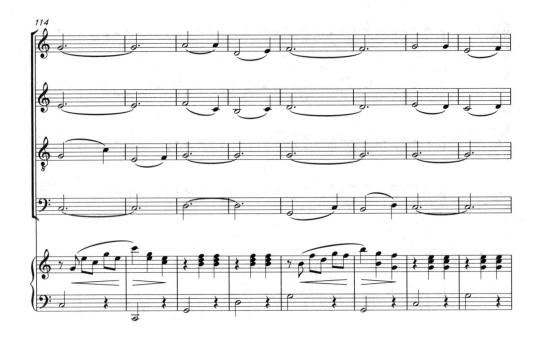

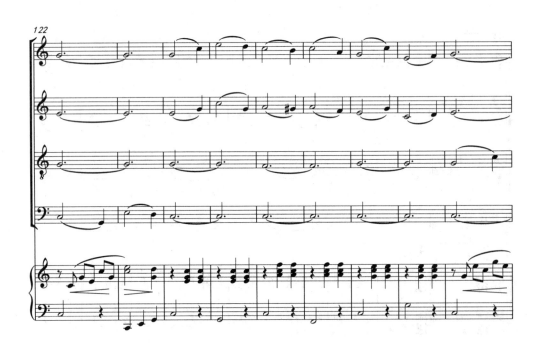

《红莓果》是一首波兰民歌，富有东欧风情。

散步

版权　N选自《邻家的龙猫》

　　《散步》是日本动画片《龙猫》的片头曲。此单曲由井上杏美与杉并儿童合唱团一同演唱，不过在电影《龙猫》中则是采用井上杏美独唱的版本。

相　许

胡小鸥　曲

歌曲《相许》表达了一种充满希望和期待的情感。这首曲子是《卿卿日常》电视剧的配乐，歌曲本身传达了一种如同在三月阳光下携手踏青的愉悦感受。

天空之城

久石让　曲

陶音文化 制谱

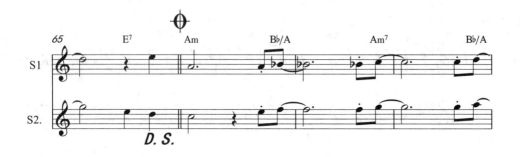

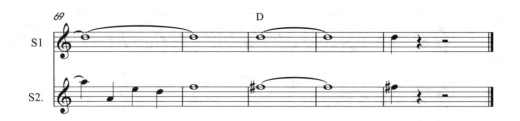

　　《天空之城》是由日本著名音乐家久石让创作的乐曲，同名电影宣扬的主题是爱与和平，而主题音乐也适时在影片的各个部分出现，久石让用细腻、轻叩心扉的旋律凸显人性的美好。久石让，1950年出生于日本中野市，日本音乐人、作曲家、钢琴家。

凤凰花开的路口

朱康朝 编配   陈熙 曲

　　《凤凰花开的路口》是由陈熙作曲，楼南蔚作词，林志炫演唱的一首歌曲。这首歌曲被誉为21世纪毕业歌中的代表，《凤凰花开的路口》这首歌是专门写给大学离别学子的，林志炫主动把自己的故事讲给词曲创作人听，从而诞生了这首毕业歌。

寸心

朱康朝编配

作曲张征

6

8

10

竖笛演奏与教学

13

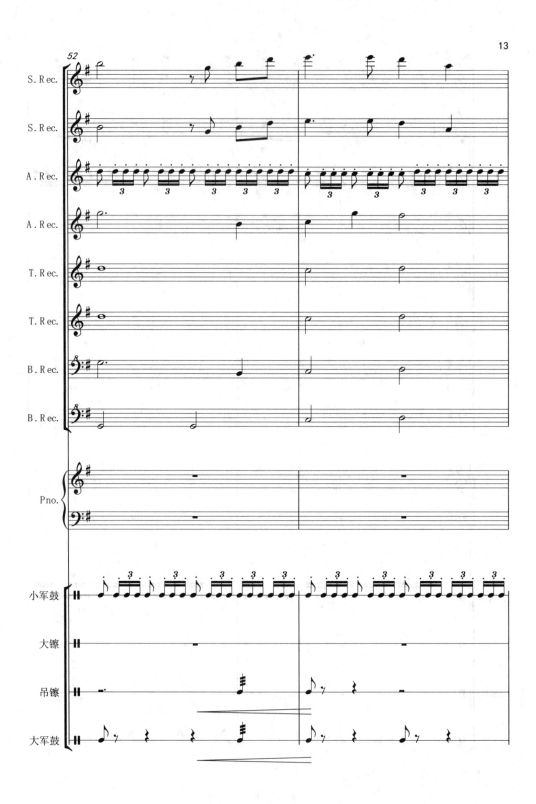

100

14

18

20

24

竖笛演奏与教学

26

28

30

　　《寸心》是为电视剧《大决战》特别打造的主题曲，表达了对革命先烈们的敬重与缅怀，更含有今人与前辈对话的意义，体现我们铭记历史、守护山河、传承中华民族之精神的情怀。 主歌以"你看"开头，象征着今天的我们穿越时空与当年身赴家国的人们的对话，也是我们向开国领导人的致敬。我们告诉当年的他们，我们深知当年的所有不易与英勇，深知全中国是在怎样的企盼之下期待着黎明的到来。

稻香

朱康朝　编配

周杰伦　曲

　　《稻香》以周杰伦小时候的生活经验为创作起源，以玩趣般的歌词带领听众回到乡下。

花儿与少年

青海民歌
朱康朝编配

2

3

4

5

7

8

　　西北民歌《花儿与少年》融入了中国西北民歌"花儿"的旋律，主要流传于青海、甘肃、宁夏及新疆。

看得见海的街道

久石让　作曲
小林达夫、桥诘智章　编曲

　　《海の見える街》，中文译名《看得见海的街道》，久石让作曲，是宫崎骏导演的动画电影《魔女宅急便》的配乐。《海の見える街》曲调轻快流溢，表现了小魔女青春懵懂、对新的城市充满好奇和期待的情怀，是疲惫或低落时的一剂兴奋剂。小提琴版的《海の見える街》更有惆怅之感，柔美的音色展现了小魔女好奇心中的一丝隐忧，和原版相比别有一番风味。

快点告诉你

王月明

3

　　《快点告诉你》是苑冉演唱的歌曲。 由张又驰填词、王月明谱曲，歌曲发行于2002年8月，该歌曲是《动画城》的主题曲。 2002年在圆梦动画城活动中李梦迪首次演唱《动画城》即将播出的主题歌。 2004年，该歌曲获得全国首届"我最喜爱的卡通歌曲"第二名。

茉莉花

江苏民歌

　　《茉莉花》的五声音阶曲调具有鲜明的民族特色，它的流畅的旋律和包含着周期性反复的匀称结构，又能与西方的审美习惯相适应，因此其能够在西方世界传播。 该曲属于小调类民歌，是单乐段的歌曲。 它以五声调式和级进的旋律，表现了委婉流畅、柔和与优美的江南风格，生动刻画了一个文雅贤淑的少女被芬芳美丽的茉莉花所吸引，欲摘不忍、欲弃不舍的爱慕和眷恋之情。 全曲婉转精美，感情深厚又含蓄。

平凡之路

朴树

2

4

8

　　《平凡之路》是朴树作曲，朴树、韩寒作词，朴树编曲并演唱的歌曲，单曲于2014年7月16日首发。该歌曲是电影《后会无期》的主题曲，收录于朴树2017年4月30日发行的专辑《猎户星座》中。2014年11月22日，该曲获第51届台湾电影金马奖最佳原创电影歌曲。

如 愿

羊翌、孙丝丝 改编

6

　　电影《我和我的父辈》发布主题推广曲《如愿》，歌曲由王菲演唱，钱雷作曲，唐恬作词。父母一辈奋斗的一幕幕，在子女一辈得以实现，这便是歌名"如愿"的含义。自《我和我的祖国》之后，王菲再度献唱"国庆三部曲"系列。伴随着王菲空灵又深情的歌声，《如愿》歌词以极具诗意的比喻，将四个不同年代的家庭故事娓娓道来，呈现了在世代中国人的奋斗与传承中，祖国日益强大之景。

老鼠娶亲

竖笛与打击乐

羊翌、沈雷强　改编

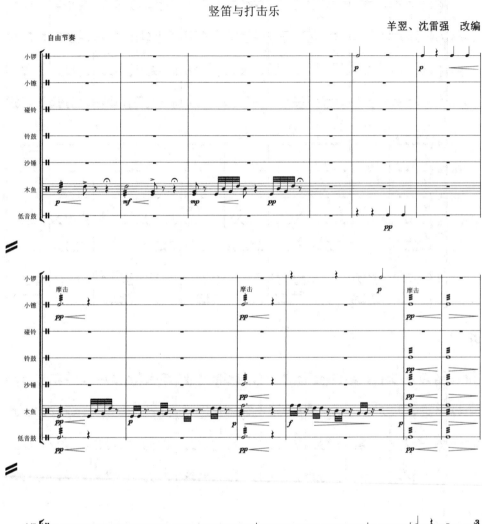

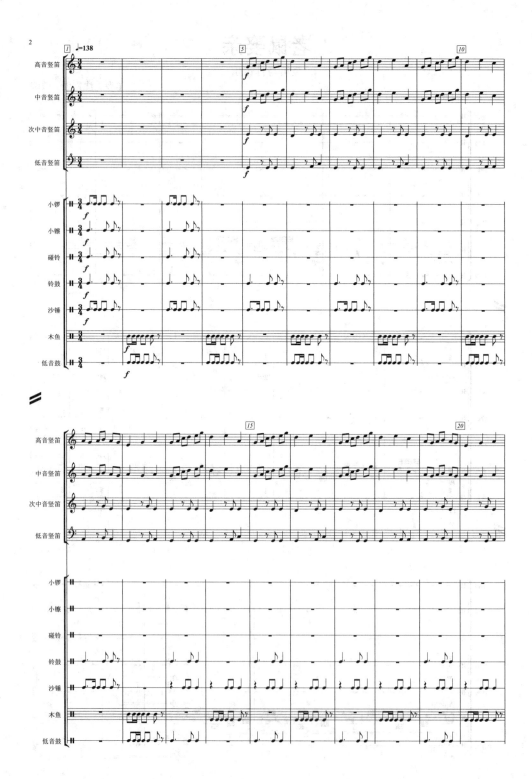

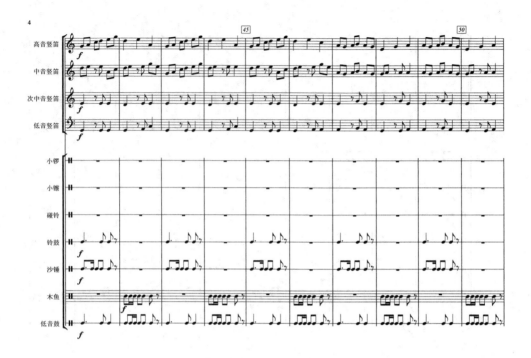

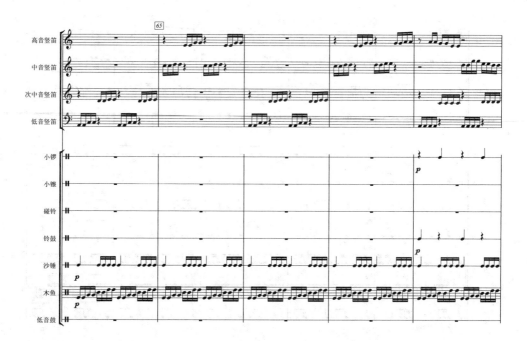

8

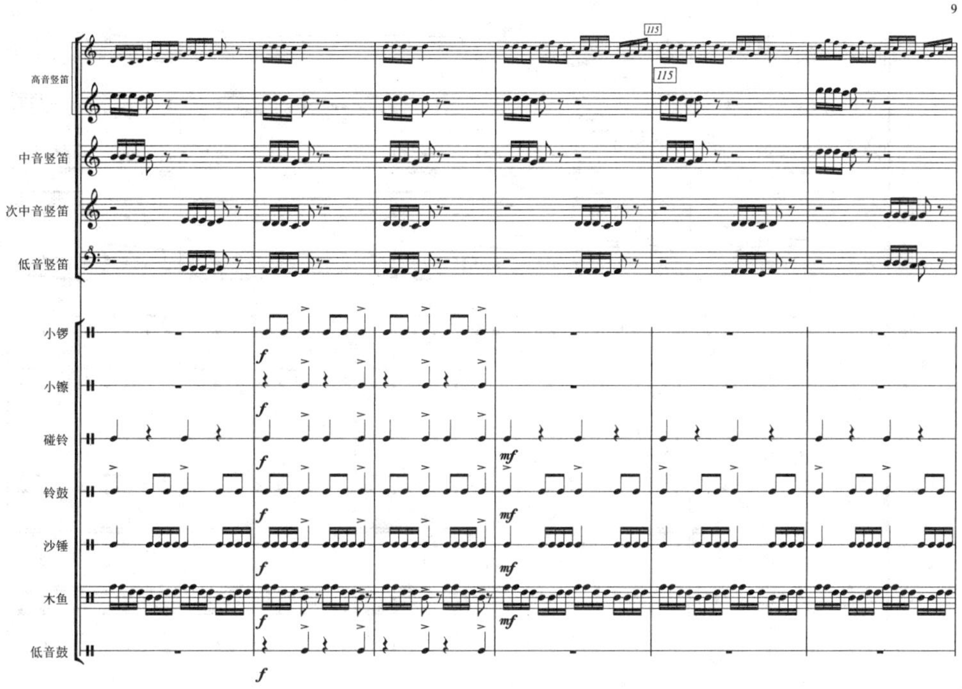
9
115
115
高音竖笛
中音竖笛
次中音竖笛
低音竖笛
小锣
小镲
碰铃
铃鼓
沙锤
木鱼
低音鼓
f
mf

120
120
高音竖笛
中音竖笛
次中音竖笛
低音竖笛
小锣
小镲
碰铃
铃鼓
沙锤
木鱼
低音鼓
f
mf

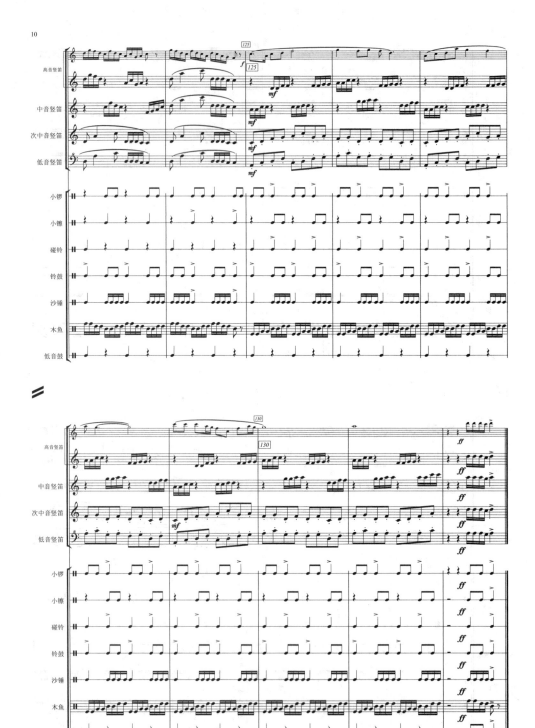

　　《老鼠娶亲》是人们最喜爱的绛州鼓乐作品，近年来在舞台上曾多次演奏。从艺术效果来看，无论面对什么样的观众群体、什么类型的节目同台演出，老鼠娶亲》总能博得满堂彩，给观众留下最深刻的印象。

Can You Feel the Love Tonight

林家栋编配 　　　　　　　　　　　　　　　　　　　　　　　　　　　Elton John

3

4

5

　　"Can You Feel the Love Tonight" 由艾尔顿·约翰作曲，蒂姆·莱斯作词，英国歌手艾尔顿·约翰演唱，是动画电影《狮子王》的插曲，收录在电影《狮子王》的原声带中，发行于1994年5月12日。该首歌曲在法国SNEP音乐排行榜取得了第一的成绩。

彩云之南

李婉静 改编

2

4

6

8

9

10

　　《彩云之南》是一首风靡中国的歌曲。该歌曲以云南的风光和民俗为背景，表达了对家乡的深情追忆和对彩云之南的热爱之情。歌曲旋律优美婉转，充满浓郁的民族音乐风格，歌词情感真挚，富有感染力。

萱草花

羊翌、江博　改编

2

4

6

8

10

　　《萱草花》是电影《你好，李焕英》的主题曲，这首歌向听众传达了全天下每一位母亲对孩子的爱与牵挂，同时也道出了母亲对女儿的细腻温柔。

巡逻兵进行曲&噢苏珊娜

张莲、朱华琴 改编

2

4

6

　　《巡逻兵进行曲》是由米查姆填词谱曲的一首歌曲。这是一首典型的、用管乐演奏的进行曲，打击乐器，尤其是小军鼓的运用加强了战斗气氛，使进行曲的特征更为突出。

小鸟飞来了

德国民歌
王芝君 改编

2

　　《小鸟飞来了》是一首德国的音乐作品，曲调优美柔和，描绘了春天到来，万物复苏的美妙场景。

芬兰波尔卡

沈雷强 改编

2

4

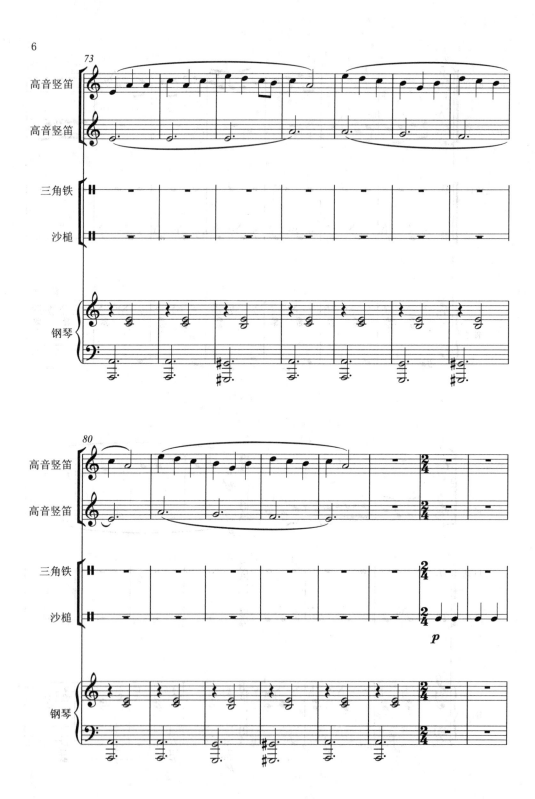

8

《芬兰波尔卡》是一首广为流传的芬兰民间波尔卡舞曲。曲子常用的歌词中有这样一句"尽管塞基耶尔维已经沦陷（在冬季战争中失去），但芬兰人依然有波尔卡"，最著名且最具历史意义。

后　记

自全国音乐课堂教学实行"乐器进课堂"以来，许多教师在音乐教学实践中应用了"课堂器乐"。竖笛以其结构简单、排孔科学、携带方便、音色优美、价格低廉、易教易学等特点，得到广泛的认可。

回忆自身学习竖笛的过程，由于资料不足，知识比较散乱，不系统化，总觉得意犹未尽。作为一名器乐教育工作者，现实给了这样一个机会，能把自己在学习和教学过程中所得到的收获和接触过的资料结合教学实践中的体会，较为系统地加以整理，借此与竖笛爱好者共勉。

本书既适用于普通高等院校的选修课学习，也适用于大、中、小学与社会上其他竖笛爱好者参考。相信本书的出版，对于更好地开展器乐教育，丰富人们的业余生活，推动音乐的普及和提高将起到一定的积极作用。

本书在编写过程中得到了江南大学人文学院的同事以及无锡市众多老师的大力支持，在此表示衷心的感谢!

沈雷强

2024年12月